T. G. MASARYK

LES SLAVES APRÈS LA GUERRE

ÉDITIONS ORBIS

PRAGUE

1928

T. G. MASARYK

D'après M. Švabinský

T. G. MASARYK

LES SLAVES APRÈS LA GUERRE

EDITIONS ORBIS

PRAGUE

1923

Avertissement.

Pour ne pas défigurer l'aspect habituel des noms de personnes et de lieux ni les alourdir par une transcription, souvent inexacte d'ailleurs, nous avons cru devoir conserver dans notre texte l'orthographe originale des noms tchèques. Il convient de remarquer, du reste, que beaucoup de signes diacritiques de la langue tchèque sont déjà d'un usage courant parmi les philologues. En vue d'en faciliter la lecture, nous donnons ici, une fois pour toutes, le tableau de leur prononciation.

à = *á*

c = *ts* ou *tç*, comme dans *tsar*.

č = *tch*, comme dans *tchèque*.

ch = *kh* guttural, sans équivalent en français.

ď = *di* mouillé, comme dans *diable* (devant i ou ě, de se prononce de la même manière).

e = é

é = ê

ě = *ié*, comme dans *lié*.

g = *gu*, comme dans *guerre*.

h est toujours aspiré.

í = *î*

j = *ill* mouillé, comme dans *aiguille*.

ň = *gn*, comme dans *montagne* (devant i ou ě, *n* se prononce de la même manière).

ó = ô

ř = *rj*, les deux lettres étant nettement liées. Ce son n'a pas d'équivalent en français.

s se prononce toujours ç ou ss.

ť ou t devant i ou ě — *ti* mouillé, comme dans *tiers*.

u = ou

ž = j ou ge, comme dans *jambe*.

LES
SLAVES APRÈS
LA GUERRE

1. Au premier coup d'œil, il semble
que c'est aux nations slaves que la guerre
a apporté les plus grandes modifications.
Avant la guerre, il existait quatre Etats
slaves : la Russie, la Serbie, la Bulgarie,
le Monténégro. Après la guerre, les trois
premiers ont subi des changements con-
sidérables. Le Monténégro a cessé d'exister
et il est, en outre, surgi des Etats slaves
nouveaux : la Tchécoslovaquie et la Pologne. D'autres part, certaines régions
slaves sont devenues à demi indépendantes : l'Ukraïne constitue une partie
autonome de la Russie, et la Russie Subcarpathique, de la Tchécoslovaquie. Quant
à la Galicie Orientale, il n'a pas encore
été pris de décision définitive. Seuls, les
Serbes de Lusace, la nation slave la moins
nombreuse, n'ont pas été libérés; ils de-
meurent sous la domination allemande.
Des Yougoslaves sont soumis à l'Italie,
à l'Autriche et à la Grèce; un certain
nombre de Petits-Russes ont été incorpo-

rés à la Roumanie; et des Slovaques, à la Hongrie. L'Autriche possède une importante minorité tchèque et l'Allemagne une faible minorité tchèque et polonaise. Certains Etats slaves possèdent aussi des minorités slaves allogènes: la Pologne possède des Petits-Russes et des Russes, un petit nombre de Tchèques et de Slovaques; la Tchécoslovaquie, des Petits Russes et des Polonais; la Yougoslavie, des Bulgares.

Un grand changement s'est produit dans la structure intérieure des Etats slaves, principalement en Russie. De la Russie tzariste est issue une république et, qui plus est, une république communiste. La Tchécoslovaquie et la Pologne sont des républiques, tandis que la Serbie (Yougoslavie) et la Bulgarie sont des monarchies. La Russie s'est aussi modifiée territorialement: avant la guerre, elle formait $54,5\,^0/_0$ de l'Europe; maintenant, elle est réduite à $40,2\,^0/_0$. La Bulgarie est également moins grande qu'elle l'était avant la guerre.

2. On entend souvent dire aujourd'hui que la guerre a été une guerre entre le

monde slave et le monde germanique. Le conflit a, il est vrai, éclaté à propos de la Serbie; la guerre était, par l'Allemagne et l'Autriche, dirigée contre la Russie. Ce n'est cependant pas à cause des Slaves que l'Angleterre, l'Amérique, l'Italie, la Roumanie, le Japon, etc., se décidèrent à prendre part à la lutte. C'est l'occupation de la Belgique qui a poussé l'Angleterre à se joindre aux Alliés, et la décision de l'Angleterre entraîna celle de l'Amérique. Ce n'était pas la première fois que l'Italie faisait la guerre à l'Autriche. La Roumanie s'est levée en vue de l'unification de la nation roumaine. Il est absolument impossible de dire que la guerre ait été une lutte entre Germains et Slaves. A l'exception de la Bulgarie, qui s'est jointe aux Allemands, ce sont des nations latines et germaniques (anglo-saxonnes) qui ont combattu l'Allemagne. Non seulement les Slaves, mais le monde entier se sentait menacé par l'attaque allemande. Les Slaves n'étaient pas les dirigeants; ils ne constituaient pas le facteur décisif.

Déjà Herder, puis Kollár et d'autres encore, prévoyaient la décadence de l'Allemagne et de la race germanique en général, attendant la phase de croissance de la race slave. On peut admettre que, par la guerre, les nations slaves ont acquis leur indépendance politique en même temps que la possibilité d'un développement effectif. Il est néanmoins douteux que le développement de la Russie, par exemple, puisse être considéré comme marquant un progrès à tous égards. Au contraire, nous ne pouvons tenir la défaite de l'Allemagne pour une décadence, une décadence définitive; les défaites militaires peuvent devenir des bienfaits tant pour les Allemands que pour les Russes; les effets de la guerre et sa signification générale sont, pour toutes les nations intéressées, si importants que les prédictions de Kollár et de Herder ne doivent être acceptées que sous réserves.

3. La guerre a eu pour grande conséquence directe et indirecte l'effondrement ou la transformation de trois grandes monarchies: Russie, Prusse-Allemagne et Au-

triche-Hongrie. Les vestiges de la Turquie ont suivi la même voie. L'ancien régime s'est écroulé dans la plus grande partie de l'Europe. Ces empires, essentiellement absolutistes, confinaient géographiquement les uns aux autres; ils constituaient la plus grande partie de ce qu'on appelle l'Orient, c'est-à-dire l'Europe orientale et la partie occidentale de l'Asie unie à l'Europe, au point de vue intellectuel et politique, depuis les temps les plus reculés, par des liens étroits. Certes, l'Allemagne se rattache en majorité à l'Occident, mais sa partie orientale appartenait à l'Orient et formait un tout politique avec l'Autriche et la Turquie.

L'effondrement des monarchies absolues a eu pour conséquence l'affranchissement non seulement des nations slaves, mais encore d'autres petites nations vivant parmi les Allemands et les Russes. J'ai déjà attiré l'attention sur la zone de petites nations s'étendant de la mer du Nord jusqu'à l'île de Crête, au Sud. Au point de vue politique et même, dans une large mesure intellectuel, l'Europe se décompose nettement en trois parties. A l'Ouest, il y a cinq nations principales: Angleterre, France, Allemagne, Italie et Espagne; il s'y trouve peu de nations petites (trois Etats: Portugal, Belgique, Hollande; nationalités: Portugais, Hollandais et Flamands, et quelques fragments celtiques et basques); à l'Est, il y a la grande Russie et au centre, nombre de petites nations actuellement Etats: Finlande, Suède, Norvège, Danemark, Estonie, Lettonie, Lithuanie, Pologne, Tchécoslovaquie, Roumanie, Yougoslavie, Grèce, Bulgarie, Hongrie, Albanie. De ces nations, ont été affranchies: la Finlande, l'Estonie, la Lettonie, la Lithuanie, la Pologne, la Tchécoslovaquie; la Roumanie, la Yougoslavie et la Grèce ont été agrandies.

La situation de l'Ukraïne, de la Russie Blanche et, somme toute, de la Lithuanie, n'est pas encore définitive. L'élément lapon de Scandinavie est, pour ainsi dire, sans importance.

4. Je commence par la *Tchécoslovaquie* l'étude des différents Etats et nations

slaves; j'en connais naturellement mieux la situation que celle des autres pays slaves. En raison de l'analogie, sinon de la similitude, une étude de la situation de la Tchécoslovaquie facilitera d'ailleurs l'intelligence de la situation des autres pays slaves.

La Tchécoslovaquie est la reconstitution de l'ancien Royaume de Bohême et de la Grande-Moravie. A l'origine, les Slovaques étaient réunis aux Tchèques; par l'arrivée des Magyars dans l'ancienne Pannonie, ils furent, pour longtemps, placés sous un joug étranger. Tchèques et Slovaques forment une seule nation et parlent la même langue. Les Tchèques, plus libres, ont développé leur langue plus intensivement que les Slovaques. Il en est résulté que les Slovaques, ayant conservé leur ancien idiome, l'emploient comme langue écrite. Il ne se pose entre Tchèques et Slovaques aucune question de langue, et il ne peut s'en poser.

La Tchécoslovaquie possède dans son sein des minorités importantes, notamment des minorités allemandes. Outre les Allemands, il existe une assez forte minorité de Magyars, un petit nombre de Polonais, enfin un grand nombre de Petits-Russes (Ruthènes) en Slovaquie (à côté des Petits Russes de la Russie subcarpathique autonome). Cette composition ethnique de l'État suscite des controverses sur le point de savoir si la Tchécoslovaquie est un Etat national ou un État mixte (de nationalités). Les Tchèques soutiennent la première conception; les Allemands et les autres nationalités défendent, au contraire, la seconde. Très souvent ces derniers ont recours à une fiction ethnique; ils affirment que les Slovaques sont une nationalité différente des Tchèques, que l'Etat tchécoslovaque n'a pas une majorité uniquement tchèque. C'est, comme je l'ai dit, une fiction dont on se sert contre la Tchécoslovaquie dans des polémiques politiques mal fondées. Le fait est, et c'est chose essentielle, que la Tchécoslovaquie possède une minorité allemande considérable aux confins de l'Allemagne; il est nécessaire que cette minorité soit acquise à l'Etat.

A l'origine, le Royaume de Bohême fut fondé par les Tchèques, et la restauration actuelle de l'Etat tchécoslovaque est encore l'œuvre des Tchèques et des Slovaques. Pendant la guerre et après, les Allemands de Bohême ont été les adversaires des Alliés et se sont opposés à la constitution d'un Etat tchécoslovaque. Lorsque jadis fut fondé notre Etat, ils n'habitaient pas encore le pays. C'est pourquoi, du côté tchèque, on affirme que les Allemands sont des colons, voulant ainsi faire ressortir que l'Etat a été fondé par la majorité slave de la population et qu'il a persisté comme Etat slave. D'autre part, on fait ressortir que les Allemands ont toujours reconnu l'Etat de Bohême, se contentant de l'égalité de droits dont ils y jouissaient. Ni avant, ni après la guerre, la minorité allemande n'a visé à la dislocation de l'Etat de Bohême, bien que, dans les derniers temps, ils eussent en Autriche nié la continuité du Royaume de Bohême (droit historique de l'Etat), qu'ils reconnaissaient auparavant.

Le problème ethnique et linguistique

une grosse importance; la solution pratique en est très difficile. Ce problème se pose ainsi: Comment constituer un Etat unitaire au double point de vue politique et administratif? Comment concilier la centralisation politique avec l'autonomie administrative? La Tchécoslovaquie possède un ministère pour l'unification administrative, qui a pour tâche d'unifier la législation du pays; les régions tchèques, en effet, ont gardé les lois autrichiennes, alors que la Slovaquie et la Russie Subcarpathique étaient soumises aux lois hongroises.

Au point de vue international, la Tchécoslovaquie a des tâches particulières découlant de ce qu'elle est, dans le vrai sens du mot, le cœur géographique de l'Europe. Elle est voisine de l'Allemagne et de l'Autriche, des Polonais, des Petits-Russiens et, enfin, des Magyars. Les minorités allemande, magyare, polonaise et petit-russe qu'elle englobe, sont des fragments des peuples voisins. (La minorité roumaine de la Russie Subcarpathique est infime, car elle se borne à quelques villages.)

L'Etat nouveau se trouvait en présence

d'un important problème intellectuel en Slovaquie et dans la Russie Subcarpathique. Les Magyars y avaient étouffé toute littérature et toute éducation nationales. En 1907 notamment, les lois scolaires de M. Apponyi avaient complètement supprimé les écoles slovaques; les quelques centaines d'écoles confessionnelles de la Slovaquie ne sont, en effet, slovaques que de nom. Aujourd'hui, il y a en Slovaquie plus de 2.600 nouvelles écoles primaires slovaques; en outre la Slovaquie possède actuellement plus de 80 écoles primaires supérieures, plus de 30 écoles secondaires et les bases d'une Université slovaque.* La Russie Subcarpathique compte environ 700 écoles primaires et, en outre, des écoles primaires supérieures, des établissements secondaires, et des écoles maternelles. La République s'occupe en outre d'améliorer la santé publique dans ce pays resté fort en

* Comme il y avait très peu d'instituteurs et de professeurs slovaques, des instituteurs et des professeurs provenant des pays tchèques durent s'y charger de l'enseignement.

2*

retard au point de vue de l'hygiène (création d'hôpitaux par l'Etat, lutte contre les épidémies, etc.). On peut dire sans exagération qu'à cet égard la politique tchécoslovaque est presque sans égale dans la Nouvelle Europe. Sous l'oppression autrichienne, le peuple tchèque se distinguait par l'intensité de son effort intellectuel; c'est dans cet esprit qu'agit la politique scolaire de l'Etat nouveau.

Toutes les minorités ethniques possèdent des écoles; les Allemands, vu leur nombre et leur développement, ont une Université, deux écoles techniques supérieures, une école supérieure d'agriculture (créée par la Tchécoslovaquie), etc.

Jusqu'ici, la Tchécoslovaquie n'a pas encore entrepris de réformes scolaires intérieures très profondes.

Il y a actuellement en Tchécoslovaquie un fort mouvement religieux. Avec le rérétablissement de la liberté politique, le hussitisme réformateur, réprimé par les Habsbourg, a repris vie. Cette survivance du hussitisme est apparue très clairement dans la fondation de l'*Eglise tchécoslo-*

vaque, qui compte plusieurs centaines de milliers d'adhérents.

La minorité protestante — le protestantisme est la forme sous laquelle ont subsisté sous l'Autriche le hussitisme et l'Unité des Frères,* — était alors partagée en luthériens et calvinistes. Après le changement de régime, elle a réalisé son union; le chiffre de ses adhérents a fortement augmenté, grâce à la conversion d'un grand nombre de catholiques. En ces derniers temps, on note également un mouvement qui s'apparente à celui de l'unitarisme anglais et américain. Les Églises étrangères, telles que baptiste, méthodiste et autres, ont libre accès dans le pays.

Le nombre des spirites est considérable : on donne le chiffre de 300.000. Les personnes se déclarant sans confession sont encore très nombreuses, principalement parmi les ouvriers.

En Slovaquie, il y a une forte minorité luthérienne, dont l'origine remonte également à la Réforme hussite ; la plus grande

* Il s'agit ici des Frères bohêmes ou moraves. (N. d. tr.)

partie des Slovaques sont catholiques. Le mouvement hussite est inconnu en Slovaquie. Dans la Russie Subcarpathique (dont la population est en majorité uniate) on constate un mouvement orthodoxe dans environ 40 communes.

Par le rattachement de la Slovaquie et de la Russie Subcarpathique aux pays de la Couronne de Bohême, le nombre des Israélites a beaucoup augmenté en Tchécoslovaquie. On peut noter parmi eux un assez fort mouvement sioniste et nationaliste. Dans la Russie Subcarpathique, de même qu'en Slovaquie, la plupart des Juifs se rattachent à l'orthodoxie, comme en Pologne et en Russie.

Au point de vue religieux et ecclésiastique, la Tchécoslovaquie diffère des autres peuples slaves, chez lesquels la confession a toujours eu un caractère national. Les Serbes ont résisté par l'orthodoxie à l'islamisme et au catholicisme autrichien. Les Polonais, nation en majeure partie catholique, ont lutté également ment par la religion contre l'orthodoxie et le protestantisme des Russes et des

Allemands. Russe et orthodoxie ne faisaient qu'un. Chez les Tchèques, cependant, le hussitisme et l'Unité des Frères furent également une Eglise nationale, puisqu'un dixième seulement de la nation demeura catholique. Les effets de la contreréformation et la *recatholisation* forcée entreprise par les Habsbourg n'ont été réparés que par la libération nationale de 1918.

L'Eglise tchécoslovaque dont nous avons parlé est un effort en vue de la réorganisation de l'ancienne Eglise nationale. La nationalité d'une Eglise n'est évidemment pas déterminée seulement par la langue des fidèles, mais aussi et principalement par son caractère intrinsèque. En Slovaquie, l'Eglise luthérienne est devenue, jusqu'à un certain point, nationale, en face du protestantisme calviniste et du catholicisme officiel asservi à des fins politiques.

La Tchécoslovaquie a à résoudre de graves problèmes économiques. L'industrie de l'ancienne Autriche était tchèque pour la plus grande partie. Or, la Tchécoslovaquie n'ayant que 14 millions d'habitants (l'Autriche-Hongrie en avait 51 millions), l'industrie tchécoslovaque doit chercher de nouveaux débouchés pour remédier à l'insuffisance du marché intérieur. La Tchécoslovaquie se range parmi les nations industrielles de l'Occident; son exportation se dirige principalement vers l'Est.

L'agriculture tchécoslovaque a atteint un haut degré de développement et elle pourrait facilement approvisionner en pain et en viande toute la population du pays. La Tchécoslovaquie a entrepris d'autre part une grande réforme foncière, car les pays de la Couronne de Bohême, aussi bien que la Slovaquie et la Russie Subcarpathique, étaient jusqu'ici des territoires à *latifundia*. L'existence de ces *latifundia* témoigne de l'organisation aristocratique de l'ancienne Autriche-Hongrie et de l'état d'assujettissement où les Allemands et les Magyars tenaient les nationalités slaves. Dans les pays tchèques, la contre-réformation accrut encore, par une confiscation aveugle, l'inégalité dans la répartition de la propriété foncière.

Le développement économique et politique du pays nécessitait une amélioration des moyens de communication. Les voies ferrées construites sous le régime austro-hongrois convergent toutes vers les centres de l'ancienne monarchie, Vienne et Budapest. Il faut donc les compléter par de nouvelles lignes transversales. Il importe également d'aménager les voies fluviales, principalement l'Elbe, le Danube et leurs affluents. Des canaux de jonction sont nécessaires.

La vie politique, particulièrement le développement du socialisme et des partis agraires, est lié dans une certaine mesure à l'essor économique du pays. Peu après la libération nationale, les socialistes — marxistes et socialistes nationaux — acquirent la majorité dans le gouvernement. Cependant les événements ultérieurs, notamment la dislocation du parti social-démocrate sous l'influence du bolchévisme, affaiblirent l'influence des ouvriers et du socialisme.

A côté des partis socialistes, le plus fort groupe politique en Tchécoslovaquie

est celui des agrariens; c'est dû à ce que
la République est mi-industrielle, mi-agri-
cole. Le changement de régime a également
ment renforcé le parti catholique (preuve
que la tutelle habsbourgeoise sur l'Eglise ne
profitait guère à celle-ci). En dernière place
vient la démocratie nationale, qui représente la bourgeoisie et dans laquelle les
intellectuels sont l'élément prépondérant.
Quant au grand capitalisme, celui qu'on
trouve dans les pays occidentaux, il est
encore inconnu en Tchécoslovaquie.

5. *La Pologne* doit également procéder à son unification politique et administrative. Ce pays ayant été démembré par ses adversaires, des lois et coutumes différentes se sont implantées dans chacune de ses parties : prussienne, russe et autrichienne. Mais dans toutes les régions polonaises, une forte conscience nationale et un désir d'union subsistaient, renforcés d'ailleurs par la tradition révolutionnaire et les essais d'émancipation tentés sous Napoléon.

La Pologne a, elle aussi, des minorités importantes, mais bien différentes de celles de la Tchécoslovaquie. Il y a lieu de noter, d'une façon générale, que toute question de minorité ou toute question ethnique constitue un problème particulier, comportant des données spéciales et devant être étudié et résolu à part.

Il y a, dans la Pologne actuelle, environ $60^0/_0$ de catholiques et $40^0/_0$ de non-catholiques : orthodoxes, protestants, israélites (Petits-Russes et Russes, Allemands, etc.)

Les pays limitrophes de la Pologne sont, à l'Ouest et au Sud, l'Allemagne, la Tchécoslovaquie et la Roumanie; au Nord et à l'Est, la Lithuanie, la Lettonie, la Russie Blanche et l'Ukraine. Dans certains pays voisins, la religion joue un grand rôle: les Lithuaniens sont catholiques; les Lettons et les Allemands, protestants.

En ce qui concerne leurs rapports avec les Allemands, il convient de remarquer que les Polonais n'ont pour voisins que les Allemands du Nord. La Tchécoslovaquie, au contraire, est en contact avec les Allemands du Nord et du Sud, et les Yougoslaves — Slovènes et Croates — avec les Allemands du Sud seulement. La différence qui existe entre les Allemands du Nord et ceux du Sud joue à cet égard un certain rôle politique. Russes, Serbes et Bulgares n'ont pas de frontière commune avec les Allemands. L'ancienne Russie avait pour voisine la Prusse et possédait des colonies d'Allemands.

Pour juger les relations nouvelles établies entre Polonais et Allemands, des publications telles que le livre de Herrmann

Kœtzschke *Die deutsche Polenfreund-schaft*, sont caractéristiques. L'auteur s'efforce d'y démontrer que les rapports entre Allemands et Polonais ont, en général, été amicaux. De pareils avis sont rares ; par contre, il existe nombre d'adversaires, souvent influents, des Polonais. Ceux-ci estiment à leur tour, d'après l'ancien programme, que les Allemands doivent coloniser l'est ou le sud-est. En premier lieu, il s'agit des Polonais et des Tchèques.

Les minorités polonaises éprouvent également certaines difficultés du fait que la question de l'Ukraine et, par analogie, celles de la Lithuanie et de la Russie Blanche n'ont pas encore été définitivement posées ni résolues.

Les difficultés économiques de la Pologne ont également un caractère spécial. Il importe de souligner qu'elle a beaucoup souffert du fait de la guerre. Le pays est, en majeure partie, agricole ; l'industrie y est concentrée dans quelques régions, notamment à l'ouest. Cette industrie s'efforce de trouver des débouchés à l'est (déjà sous le régime tsariste, l'industrie de la Pologne russe tendait vers la Russie et la Sibérie). Il existe d'abondants gisements houillers. Gdansk (Dantzig) donne, à la Pologne, un accès direct à la mer.

6. De même, pour la *Yougoslavie* unie au point de vue national et linguistique, l'unification politique et administrative est un important problème. La nation yougoslave était la plus morcelée de toutes les nations slaves; aujourd'hui, les législations suivantes: serbe, monténégrine, hongroise, autrichienne sont en vigueur dans l'Etat. Les minorités, relativement minimes, sont: des Magyars, des Allemands, des Roumains, des Italiens, des Albanais, des Turcs, des Bulgares.

Au point de vue politique, la différence entre la partie orthodoxe (serbe) et la partie catholique (croate et slovène) de l'Etát unifié, présente une certaine importance; l'ancien conflit entre Croates et Serbes persiste. Un problème se pose comme partout: établir l'équilibre entre l'effort centralisateur tendant vers l'unité

et l'effort administratif voulant l'autonomie; entre la politique et l'administration.

La Yougoslavie a de nombreux voisins: Allemands, Magyars, Roumains, Grecs, Bulgares, Italiens, Albanais, Turcs; à l'ouest, elle est bordée par l'Adriatique.

C'est un pays agricole et, pendant la période de transition, c'est un avantage certain pour son unification. L'établissement des moyens de communication est une tâche urgente, non seulement pour la vie économique, mais aussi pour l'union des territoires qui sont très étendus. La Yougoslavie dispose de la mer Adriatique, sur laquelle il suffit de construire et d'aménager des ports; ceux-ci sont déjà nombreux et très sûrs.

7. La situation de la *Bulgarie* est beaucoup plus simple que celle de la Yougoslavie. Au point de vue ethnique, il s'y trouve des minorités, notamment une minorité turque. Les voisins de la Bulgarie sont: les Serbes, les Roumains, les Grecs et les Turcs. Les rapports avec la Serbie sont des plus sérieux. Un litige et une

guerre pour la Macédoine ont eu lieu entre les deux nations slaves ; le fait que, dans la guerre mondiale, la Bulgarie s'est trouvée à côté des Centraux, a accru l'inimitié. Cependant, le nombre des voix souhaitant une entente entre Bulgares et Serbes et estimant qu'une fédération pourrait et devrait s'établir entre les deux Etats, augmente de part et d'autre. Ainsi serait réalisée l'union de tous les Yougoslaves.

Au point de vue économique, la Bulgarie est un pays essentiellement agricole, tout comme la Serbie. C'est là un argument de plus en faveur de l'entente entre ces deux peuples. La Bulgarie a accès à la mer Noire ; cependant sa situation sur cette mer est moins favorable que celle des Yougoslaves du côté de l'Adriatique. Le Danube enfin joue un rôle très important pour ce pays, aussi bien que pour la Roumanie et pour la Yougoslavie.

8. De tous les pays slaves, c'est la *Russie* qui a été le plus profondément modifiée par la guerre et par la révolution, celle-ci

ayant été d'ailleurs hâtée par celle-là. La Russie a subi, comme il a déjà été dit, des changements territoriaux. Les populations allogènes, notamment celles établies sur ses confins occidentaux, se sont détachées d'elle et se sont constituées en Etats indépendants. Mais le plus profond des changements survenus en Russie a été l'abolition de l'absolutisme tsariste et l'instauration de la République communiste. La Russie est le premier Etat socialiste en Europe et dans le monde entier. Par là, elle attire l'intérêt de tout l'univers.

La Russie a comme voisins (en Europe) la Finlande, l'Esthonie, la Lettonie, la Pologne et la Roumanie. Ses rapports avec l'Ukraine et la Russie Blanche ne se sont pas encore précisés. Il en est de même de ses relations avec les peuples et Etats de la Transcaucasie.

Avant la guerre, la Russie et la Prusse allemande eurent pendant des siècles des relations de voisinage très étroites. Bien qu'à la suite des changements causés par la guerre, la Prusse ne soit plus en contact territorial avec la Russie, les relations de la Russie avec la Prusse, c'est-à-dire avec l'Allemagne, sont des plus importantes, surtout au point de vue économique. La Russie agricole peut être ravitaillée en produits industriels par l'Allemagne industrielle. Les relations directes sont facilitées par la mer, de sorte que le transit à travers les Etats limitrophes n'est pas nécessaire.

Après la conclusion de la paix de Brest-Litovsk entre l'Allemagne et la Russie, le journal anglais *Morning Post* écrivait: „Le Slave devient esclave de l'Allemand, c'est la signification du traité germano-russe." Depuis ce temps on parle beaucoup en Occident de la possibilité d'une occupation économique de la Russie par l'Allemagne. Les Allemands s'occupent avec zèle de ce pays. C'est pourquoi, parmi les publications allemandes qui méritent de retenir l'attention de ceux qui, de l'amitié de la Russie attendent le renforcement du Reich et plus spécialement de la Prusse orientale, nous citerons les écrits suivants: Karl Fischer *Das Ostpreussische*

Problem; A. von Batocki, *Ostpreussens wirtschaftliche Lage vor und nach dem Weltkrieg.* A l'instant même où j'écris ceci me parvient la nouvelle de l'accord russo-allemand signé à Gênes!

La Russie, ayant beaucoup souffert du fait de la guerre et de la révolution, a grand besoin d'une restauration économique, tant agricole qu'industrielle. Elle est dépendante du capital de l'Occident et de l'aide des ingénieurs, ouvriers, commerçants occidentaux.

Les tâches du domaine de l'intelligence sont aussi urgentes qu'importantes; elles consistent à abaisser le grand pourcentage d'illettrés qui existe et à relever le niveau de la civilisation en général. Il est douteux que l'Eglise orthodoxe russe puisse participer à cette tâche. Il faut, en tout cas, voir dans quelle mesure. L'Eglise russe se confinait jusqu'ici dans un transcedentalisme exagéré; l'éducation active de la population est insignifiante. Grâce à son transcendentalisme, l'Eglise était devenue l'esclave du tzarisme; la révolution a apporté une correction à cet état en ce sens

3*

que l'Eglise est revenue à l'organisation patriarcale d'avant Pierre et que la persécution du clergé par les bolchéviks l'a rapprochée de la masse des moujiks.

A ce propos il n'y a lieu de parler du bolchévisme que brièvement et dans la mesure où il est considéré comme un phénomène slave. Les bolchéviks russes se considèrent eux-mêmes comme les seuls vrais marxistes; ils ont entrepris la révolution et se sont emparés du gouvernement avec l'idée que cette révolution, conforme aux théories de Marx, introduirait en Russie le régime communiste, puisque l'Orient suivrait la Russie et renoncerait au capitalisme.

Je pense que les discussions presque continuelles menées autour de la question, par les socialistes et les non-socialistes ont suffisamment éclairé la question. Le bolchévisme n'est marxiste ni dans sa tactique, ni dans sa doctrine. Le Bolchévisme a, certes, en soi quelques éléments marxistes, mais il est plutôt un mélange de blanquisme, de syndicalisme et d'anarchisme; il est bien plus bakouniniste que

marxiste. C'est une sorte de nihilisme et,
tout particulièrement, de nihilisme terro-
riste, un produit purement russe, fruit
d'une évolution inorganique, né de la
rencontre des idées occidentales les plus
radicales avec la conception stationnaire
du monde qui est celle de l'Eglise russe.
Le bolchévik est un moine russe excité
et troublé par le matérialisme et l'athéisme
de Feuerbach. La demi-éducation qui était
le fléau de l'ancienne Russie est aussi le
fléau de la Russie des Soviets. Une nation
dont la plus grande partie est illettrée ne
peut être ni marxiste, ni socialiste, ni communiste, ou, tout au plus, ne peut l'être
qu'en théorie. On s'explique qu'une nation
inculte ou seulement à demi cultivée ait
pu se laisser gagner par les utopies bolchévistes, d'autant mieux que cette nation
se trouvait, par suite de la guerre et de
la révolution, plongée dans une grande
misère physique et morale. Le bolchévisme, pour les mêmes raisons, a fait,
bien que sous des formes plus modérées,
son apparition chez d'autres nations slaves,
en Yougoslavie, en Bulgarie et en Tché-

coslovaquie. Comme en Russie, le bolchévisme a été en Allemagne et en Hongrie occasionné par la guerre ; c'est justement dans les pays qui ont perdu cette dernière et souffert par elle que le bolchévisme a pris naissance. Ce fait en lui-même est déjà une preuve sérieuse que le bolchévisme russe n'est pas le stade définitif de l'évolution humaine, attendu et prédit par Marx comme l'apogée organique de l'évolution historique. Il n'est pas moins évident que le bolchévisme n'a pas pris naissance uniquement en Russie et qu'en conséquence il n'est pas russe et slave par toute son essence ; la seule vérité, c'est que le bolchévisme a un caractère particulier.

La soi-disant dictature du prolétariat est le régime absolutiste d'une petite minorité ; bon mal gré, les bolchévistes ne font que continuer l'absolutisme tzariste.

Au point de vue politique et administratif, le bolchévisme russe s'est assez rapidement modifié depuis la courte période de son existence. La révolution a fait tomber l'appareil tzariste de centralisation et la Russie s'est décomposée en différentes communes indépendantes. Mais bientôt le bolchévisme s'est efforcé d'atteindre à la centralisation. Aujourd'hui, la Russie est une fédération d'Etats et de territoires plus ou moins indépendants et autonomes (il en existe en tout 25: l'Ukraine, Kazan, etc.). L'immense empire, en étant actuellement au stade de pays agricole, se décompose d'autant plus facilement en différentes unités plus ou moins capables de se suffire à elles-mêmes que ce manque d'unité de la Russie avait déjà, jadis, de même qu'après la guerre, permis à des individus disposant du pouvoir politique et militaire de s'emparer de ce dernier en partie et quelquefois en totalité.

Le bolchévisme a de même rapidement changé au point de vue économique, retournant de plus en plus au capitalisme et à l'individualisme,

La question de savoir jusqu'à quel point les Russes et les Slaves en général sont enclins au communisme, est très compliquée et très difficile. Le communisme des soviets, à le juger sévèrement, est tout au plus un capitalisme d'Etat et un communisme, en somme, négatif; c'est une misère et une détresse communes. Selon les doctrines de Marx et de tous les communistes, le régime communiste doit être supérieur au régime capitaliste et, en conséquence, économiquement et socialement plus profitable. Le régime des Soviets ne l'est pas. Même au point de vue économique, le régime des soviets a un caractère plutôt anarchiste que démocratique; il ressemble au communisme anarchiste qui régnait dans les associations d'émigrés révolutionnaires pendant la période tzariste.

En Bohême, les Taborites du Hussitisme avaient également institué le communisme; mais c'était un communisme religieux, conforme aux doctrines des Apôtres. La désorganisation politique et économique avait, à cette époque aussi, facilité l'expérience des Taborites, locale et de courte durée. D'ailleurs, ce communisme religieux n'existait pas alors seulement chez les Tchèques, mais aussi chez les Allemands (Anabaptistes); il existe encore aujourd'hui aux Etats-Unis. En somme, on peut dire que le régime actuel des soviets dérive de la révolution politique et sociale d'une nation à culture rudimentaire, plutôt que d'une inclination naturelle des Slaves, que, jusqu'à présent, personne n'a pu établir avec précision.

La Russie des Soviets offre, comme il a été dit, un caractère anarchique. Cependant l'anarchisme est considéré comme une particularité du caractère slave. Sans tenir compte du fait que l'anarchisme se rencontre également parmi les nations de l'Occident (peut-être plus chez les Latins d'origine celtique que chez les Germains), le prétendu anarchisme slave doit encore être expliqué par les circonstances momentanées dans lesquelles vivaient les Slaves. Presque tous sont passés relativement tôt sous une domination étrangère; tenus éloignés de l'administration et mis dans l'impossibilité d'exercer une influence politique, ils manquent naturellement de traditions politiques et administratives; il en va de même des bol-

chéviks, qui sont arrivés au pouvoir par
la révolution. Les bolchéviks et la nation
russe pâtissent des fautes du régime tzariste, qui n'a pas initié ni habitué le peuple
à l'administration politique et sociale. A
cela s'ajoute, chez les bolchéviks, l'erreur
d'un matérialisme historique qui fait qu'ils
n'accordent pas d'importance à l'organisation de l'Etat et à son administration,
et ne s'en sont même pas occupés théori-
quement. C'est d'ailleurs là ce qui fait
également la faiblesse du socialisme
marxiste chez les Allemands et chez
d'autres. De là vient qu'il se produit
parmi toutes les nations slaves ce qu'on
pourrait appeler un anarchisme pratique
ou plutôt un „anaétatisme"; cela constitue
un grave défaut dont toutes les nations
slaves devront se rendre compte. Par
contre, chez les Germains, surtout chez
les Prussiens, prédomine non pas un
anaétatisme, mais, au contraire, un étatisme exagéré. En matière de culture et
de politique, cet étatisme a été tout aussi
nuisible. La chute de l'Allemagne a été
causée par son étatisme exagéré.

Tous ces problèmes demanderaient à
être analysés d'une façon plus détaillée
et plus précise. Je me rends parfaitement
compte qu'il faut, vu l'état actuel des
connaissances sociologiques, accueillir
avec beaucoup de prudence les déductions
touchant les modifications politiques et
sociales causées dans les différentes nations, par les particularités nationales et
ethniques qu'on leur suppose et que l'on
considère, pour ainsi dire, comme stables.

9. Il a été déjà plusieurs fois question de l'*Ukraine;* sa situation politique, notamment ses relations avec la Russie des Soviets, demeure incertaine. Il s'agit, dans le problème ukraïnien, de savoir comment et jusqu'à quel point il existe une différence entre l'Ukraine et la Russie. Economiquement, l'Ukraine diffère de la Russie du Nord; elle possède un sol plus riche (la plupart des céréales exportées de Russie avant la guerre provenaient de l'Ukraine); elle possède des gisements de houille, de fer et de pétrole (le pétrole de Galicie se trouve sur un territoire habité par les Petits Russes); elle s'ouvre sur la mer. C'est justement là la raison pour laquelle les Russes émigraient du Nord pour se fixer dans le Sud ukrainien. Il existe aussi entre les Russes et les Ukraïniens des différences de caractère analogues à celles qu'on constate, dans les autres nations, entre les habitants du nord et ceux du sud.

Jusqu'à présent les slavistes et les philologues discutent encore la question de savoir si le petit-russien est une langue différente du russe ou s'il n'en est qu'un dialecte. Un tel problème ne peut évidemment pas être uniquement une simple question de grammaire; dans presque toutes les nations, la prédominance littéraire d'une langue écrite a été une conséquence de la prédominance politique. Aujourd'hui, comparée à la littérature russe, la litéraire ukraïnienne est encore faible; Kiev, la plus grande ville de l'Ukraine, est russe; elle a d'ailleurs été le berceau de l'Etat russe.

La population petite-russienne déborde sur les pays voisins, en Russie, en Pologne, en Russie Subcarpathique et en Roumanie; on en évalue le chiffre à 40 millions d'âmes. De ce fait découlent les problèmes politiques qui se posent entre la Pologne, la Tchécoslovaquie et la Roumanie. Le territoire habité par les Petits-Russiens n'est pas inférieur en étendue à celui de l'Allemagne, il est plus peuplé que la France.

10. Ce qui vient d'être dit au sujet des Ukraïniens s'applique mieux encore aux Blancs-Russes lorsqu'il s'agit de savoir s'ils constituent une nation à part et s'ils ont une langue particulière.

Dans des cas comme celui qui nous occupe, la vie intellectuelle n'ayant pas pris un développement complet et puissant, la question linguistique acquiert une importance toute particulière. Dans de telles nations ou fragments de nations, les moindres divergences linguistiques se font plus intensément sentir, et l'on va jusqu'à considérer des particularités souvent locales. Il est impossible d'ailleurs de nier l'heureuse influence qu'a eue l'affranchissement de l'idiome populaire (ne fût-il même qu'un dialecte) sur le développement intellectuel. Le centralisme extensif de la Russie a été également préjudiciable à sa culture; c'est lui qui a conduit à l'émancipation intellectuelle de l'Ukraine. En Hongrie, les Magyars se sont opposés au tchèque comme langue littéraire, se montrant plutôt disposés à favoriser le slovaque populaire. Il va de soi qu'au point de vue politique, cette émancipation linguistique et intellectuelle peut marquer un affaiblissement; l'Allemagne possède de nombreux dialectes très différents de la langue littéraire, mais elle a conservé une langue littéraire commune et unique. Le même fait se retrouve, d'une façon plus frappante, en France, pays que l'on cite, du reste, comme un modèle de centralisation politique.

11. Après avoir passé en revue la situation des différentes nations slaves, la question suivante se pose: qu'ont-elles de commun et cela suffit-il pour qu'on puisse parler des Slaves et du slavisme comme d'un tout organique, et même politique? Nous arrivons donc à l'ancienne question du slavisme, plus exactement du *panslavisme*.

Le fait que les nations slaves ont été libérées et réorganisées par la guerre, conduit naturellement à aborder le problème du panslavisme. Or, il se trouve, dans les diverses nations slaves, des théoriciens et des hommes politiques qui recommandent à ces nations une politique slave, panslave. D'autre part nous entendons dire que le panslavisme a atteint son but pendant la guerre, qu'il a accompli sa tâche. Cette opinion a été émise par le slaviste allemand Diels, dans une petite brochure sur les Slaves. Évidemment Diels est passablement prévenu contre les nations slaves et partage l'opinion officielle allemande selon laquelle le panslavisme fut, somme toute, la force motrice de la Russie et des Slaves pendant la guerre mondiale.

Les nations slaves, bien qu'elles possèdent toutes leur littérature, ancienne et particulière, ont pourtant conservé, au point de vue linguistique, assez d'éléments communs pour que la parenté des langues les rapproche des différentes nations slaves. La comparaison des langues slaves avec les langues latines et germaniques prouve que les Slaves sont, par leur langue, plus proches les uns des autres que les Latins ou les Germains. Un Slave arrive facilement à s'entendre avec un autre Slave, ce qui est un grand avantage dans les relations littéraires et pratiques. Mon jugement n'est pas fondé sur des considérations philologiques de spécialistes, mais simplement sur la connaissance pratique des langues et littératures slaves.

Au point de vue géographique, les Slaves ne forment pas un tout complet, car les Roumains et les Magyars séparent les Slaves du Nord de ceux du Sud. Mais les Slaves ne se trouvent pas, par là, dans une position pire que les Latins et les Germains. Le voisinage a favorisé des relations suivies entre les différentes nations slaves, qui ne sont pas restées seulement amicales.

L'unité des nations slaves est déterminée, en grande partie, par un degré de culture identique, culture économique et intellectuelle en général. Les Tchèques seuls (beaucoup moins les Slovaques) se trouvent à un degré de culture se rapprochant plus de celui des nations occidentales.

Il est difficile de juger jusqu'à quel point on peut, outre les facteurs précédents, parler d'une parenté intrinsèque constituée par des qualités physiques et

morales de nationalité et de race. Presque
rien de précis au point de vue scienti-
fique n'a, que je sache, été encore constaté
en cette matière. Il ne reste pas moins un
fait historique, c'est que les nations slaves
ont, à l'époque préhistorique, formé, sans
doute assez longtemps, un tout qui s'est
peu à peu différencié au point de vue
linguistique et intellectuel. Dans la période
historique, les nations slaves ont évolué
plutôt parallèlement que par influence
réciproque et interpénétration. L'histoire
des nations slaves est bien plus une histoire d'influences étrangères voisines, by-
zantines, romaines, allemandes, finoises,
tatares et turques.

Le fait que les nations slaves sont
aujourd'hui libérées et réorganisées au
point de vue politique, ne renforce pas
le panslavisme politique. Chaque nation
slave a, chacune pour soi, sa tâche spé-
ciale de réorganisation, dans laquelle elle
ne peut être aidée que modestement par
les autres nations slaves. Nous, par
exemple, nous pouvons exporter en Yougoslavie, en Pologne, en Russie et en

4*

Bulgarie les produits de notre industrie, mais les Allemands et d'autres peuvent faire la même chose. Ce ne sont pas les affinités de langues et de nationalités qui décident de l'achat et de la vente. Les nations occidentales peuvent également fournir un secours aux différentes nations slaves. En revanche, la Tchécoslovaquie, par exemple, a sa tâche particulière qu'elle doit résoudre elle-même par ses propres forces et son propre travail. Ces tâches sont nombreuses : unification de la Slovaquie avec les pays de la Couronne de Bohême, relèvement de la Russie Subcarpathique, rétablissement de relations amicales avec la minorité polonaise de Tchécoslovaquie. Les Polonais se trouvent en présence du problème difficile qui consiste à régler leurs rapports avec les Russes et les Petits-Russiens ; de même, les Russes et les Yougoslaves ont leurs tâches propres, déterminées par le voisinage et les minorités slaves.

Il s'est créé entre les peuples slaves des rapports intellectuels d'un caractère tout particulier, depuis la débâcle de la Russie.

Une importante émigration russe s'est produite en Tchécoslovaquie, en Yougoslavie et en Pologne. Une université russe et un lycée russe ont été créés à Prague, ainsi qu'une université ukraïnienne. La Tchécoslovaquie s'est, en outre, rapprochée de la Russie, pendant la guerre, grâce à ses légions. Cependant, une nombreuse émigration russe existe également en Allemagne à Berlin, ainsi qu'à Paris, à Rome, en Angleterre, en Amérique, presque partout, et les relations des Slaves avec les nations occidentales se sont ainsi fortifiées.

Au point de vue intellectuel, les Russes et tous les Slaves, comme avant la guerre, sont tributaires de l'influence des pays occidentaux. Les relations avec la nation allemande sont particulièrement importantes en raison du voisinage, d'une part; des minorités, d'autre part. Ce qu'est l'Allemagne pour les Slaves du nord, l'Italie l'est pour les Slaves du Sud. La proximité, le voisinage exercent une influence très forte; les conditions économiques sont aussi décisives. Aujourd'hui, par exemple, le cours des valeurs fait que les étudiants slaves, ainsi que les étudiants des Etats limitrophes (Lithuaniens, etc.) peuvent vivre à meilleur marché en Allemagne qu'en France et en Angleterre. L'Allemagne exerce donc, même après la guerre, son influence sur les Slaves voisins et proches, bien que l'influence française, anglaise et américaine sur tous le Slaves ait été considérablement accrue par la guerre.

Le panslavisme politique exigerait une direction politique, exercée naturellement par la nation la plus grande. Cependant, la Russie est pour longtemps, pour des générations, écartée de cette tâche par sa débâcle actuelle; en Russie, tous les partis politiques progressistes, par opposition au nationalisme officiel, étaient antinationaux; la politique panslave ne rencontrera donc pas beaucoup d'empressement de ce côté. Personne ne désirera le panslavisme du parti conservateur ou même réactionnaire. Après les Russes, les Petits Russiens et les Polonais sont les nations slaves les plus nombreuses, l'Ukraine n'est absolument pas apte à diriger le mouvement et la situation intérieure de la Pologne exclut, par principe, la politique panslave.

Si l'on jette un coup d'œil général sur la situation intérieure des nations slaves, on voit que, pour une longue période, le panslavisme ne peut être qu'une force intellectuelle et morale, ainsi qu'il l'était avant la guerre. Le programme de solidarité slave énoncé par Kollár est plus vivant dans la situation nouvelle qu'il ne l'était à son époque.

On pourrait objecter qu'il existe déjà un panslavisme partiel : la Petite Entente et l'accord de la Tchécoslovaquie avec la Pologne. Cependant, la Petite Entente comprend aussi les Roumains, et de grands dissentiments sont nés entre la Pologne et la Tchécoslovaquie. Il existe des dissentiments entre les Serbes et les Bulgares ; il existe des dissentiments au sein même des divers États slaves. Mais on peut admettre que le rapprochement des nations slaves a déjà été considérablement affermi par la guerre et que la situation d'après-guerre invite les États slaves à l'entente et à une aide mutuelle. Le Drang nach Osten allemand, le pangermanisme allemand a naturellement rapproché les nations slaves menacées; il s'agira donc de la manière dont le pangermanisme se développera, de la position que la nation allemande adoptera à l'égard des nations voisines et spécialement slaves.

Les pangermanistes allemands oublient difficilement; — individus et nations sont dirigés par l'habitude, et la transformation de l'éducation est une tâche difficile —; même après la guerre, „Saint-Bismark" est en honneur („das heilige Wort aller Deutcher: Bismark!" — *Deutschlands Erneuerung V.* 1921, August, p. 471)! Les tendances et les partis politiques modérés dirigent la nation allemande vers l'est et le sud-est: on dit, par exemple, que l'Allemagne doit être l'avant-garde („Vormacht") de l'Orient. Ou bien nous entendons dire que les Allemands doivent être les colonisateurs, les porte-paroles et porte-glaives („Wortführer" — „Schwertträger") des pays situés entre la Mer du Nord et l'Océan Pacifique. On a aussi proclamé que la guerre devrait avoir une conséquence plus importante

encore, celle de permettre une collaboration pacifique entre les Allemands et les
Slaves. Le Drang nach Osten allemand,
dit-on, ne peut pas cesser tout d'un coup,
mais il s'atténuera et, plus tard, fera place
à une collaboration pacifique. Je n'ai pas
l'intention de caractériser les opinions
allemandes au sujet des relations de l'Allemagne avec les Slaves; il convient seulement d'observer que la presse allemande
et l'opinion politique s'occupent fort des
nations slaves et apportent une grande
attention à l'étude du monde slave. J'ai
noté, à titre de document, que dans 18
universités allemandes, ont été prévus,
pour le présent semestre d'été, des cours
de toutes les branches slaves: littératures,
histoire, ethnographie, philologie, etc. La
Russie est étudiée avec une application
toute particulière. Dans les pays occidentaux, en France, en Angleterre et en Italie, on lui consacre, il est vrai, une attention très grande aussi, mais beaucoup
moindre qu'en Allemagne.

La nation allemande est la nation la
plus grande de l'Europe après la Russie;

l'Allemagne a actuellement 61 millions d'habitants, l'Autriche 6, la Suisse 2 millions $\frac{1}{2}$; les minorités des Etats voisins en représentent environ 6 millions, ce qui fait un total approximatif de 76 millions d'Allemands qui sont assez civilisés et possèdent pas mal de qualités. Il est naturel que les nations slaves moindres, arriérées au point de vue intellectuel (sauf la Bohême) bien que très douées, songent à un rapprochement et à une union contre l'agression teutonne.

Avant la guerre, on comptait environ 150 millions de Slaves. Nous ne possédons pas actuellement de recensement officiel de toutes les nations slaves; je cite donc les chiffres du professeur Niederle pour l'année 1900 (dans le monde entier):

Tchèques et Slovaques . . .	9,800.000
Polonais	17,500.000
Serbes, Croates et Slovènes .	10,050.000
Bulgares	5,000.000
Russes (avec Petits-Russiens et Blancs-Russes)	94,000.000
Serbes de Lusace	150.000
	136,000.000

Pour l'année 1910, le professeur Niederle a estimé l'augmentation à 156 (157) millions.

En tout cas, les Slaves forment un tiers de la population européenne ; réunis, ils formeraient la nation et l'État le plus vaste. A l'encontre des Allemands, les Slaves ont, dans les États voisins, des minorités relativement moindres ; la plus grande minorité slave, russe, (petits-russiens) est en Pologne, donc dans un État slave.

12. La guerre et la situation d'après-guerre obligent toutes les nations européennes à l'entente, à la solidarité et à l'union. Je suis convaincu que les Etats-Unis d'Europe sont en voie de réalisation.

Cette nouvelle Europe se développera peu à peu et par parties. Pour le commencement, des ententes plus intimes se formeront çà et là entre nations particulières. Nous avons jusqu'à présent la Grande Entente qui, malgré des désaccords économiques et politiques, constitue une autorité reconnue au point de vue international. Il y a ensuite la Petite Entente; puis l'accord de la Tchécoslovaquie avec la Pologne et avec l'Autriche. Il y a l'essai d'accord de la Pologne avec les petits Etats baltes voisins; les Etats du Caucase, au sud de la Russie, se rapprochent également. Il y a ensuite l'accord serbo-grec. Nous voyons partout procéder à un effort pour se réunir. La Société des

Nations travaille dans le même sens, et il faut aussi mentionner les conférences internationales de Washington, de Cannes et de Gênes; l'Allemagne et la Russie viennent précisément d'y signer un accord.

Les relations entre la France et l'Allemagne sont, il est vrai, tendues; la guerre n'a pas encore écarté l'antipathie née de ce fléau. Cependant, tant en Allemagne qu'en France, les voix en faveur de la réconciliation se font entendre de plus en plus nombreuses. On prête à la France de fausses intentions belliqueuses. On ne se rend pas compte que la France, quoique victorieuse, a horriblement souffert du fait de la guerre. On parle de la nécessité de restaurer économiquement la Russie et l'Allemagne; cependant, la France n'a pas moins souffert que la Russie, la guerre ayant eu lieu principalement en territoire français et belge. L'Allemagne n'ayant pas été le théâtre des hostilités n'a donc pas été dévastée par cette calamité. C'est de ce point de vue que doivent être considérés la France et sa politique relative aux réparations; la guerre a lésé non seulement les vaincus, mais aussi les vainqueurs. Il faut bien se rendre compte que la Russie et l'Allemagne n'ont pas seules besoin de restauration, mais, que la France et la Belgique (et il convient de ne pas oublier non plus la Pologne et la Serbie), — qui ont été des champs de bataille, ont également beaucoup souffert.

Pendant de nombreuses années avant la guerre il s'est développé, en France, une tendance littéraire, politique et philosophique pleine de promesses, qu'on était convenu d'appeler „la France nouvelle". Le nom de Romain Rolland est, peut-être, le plus marquant, mais à côté de lui nombre de penseurs, poètes et artistes s'étaient donné pour mission la renaissance morale de la France par une liaison plus étroite avec l'Europe. Peu importe si ces hommes avaient un programme précis d'union politique. Ce qui est important, c'est qu'ils aient posé les bases morales et philosophiques qui, à elles seules, amenaient à l'union organique des nations européennes cultivées.

La guerre a causé aussi de nombreux dommages dans le domaine moral, mais il est à souhaiter que les désirs et les tendances de Romain Rolland, Suarès, Péguy et autres, portent, pour la France, des fruits d'après-guerre. Même en Allemagne, quoique plus modestement, des hommes éminents se sont déclarés pour l'internationalisme et l'européanisme.

Les vœux nationaux sont, par l'organisation d'après-guerre, satisfaits dans une large mesure. L'Europe n'est certes pas organisée suivant le principe des nationalités, mais les Etats actuels répondent au principe national qu'une guerre, pour des motifs de nationalité, est impossible. Les minorités ethniques seront, partout, assurées de leur développement intellectuel et toutes les nations parviendront à se rapprocher; les questions litigieuses peuvent, partout, être résolues à l'amiable, sans guerre. Le sentiment national et l'idée nationale ne seront pas remplacés par l'internationalisme; l'internationalisme découle, en effet, de la solidarité des nations. Les divers programmes nationaux

deviendront plus positifs; l'amour pour
sa nation ne sera pas troublé par la ré-
pugnance et même par la jalousie, le mé-
pris des autres nations. Le nationalisme sub-
sistera, mais la haine nationale disparaîtra.

La soi-disant balkanisation de l'Europe,
qui ferait obstacle au rapprochement des
nations, n'est pas à craindre. Sur ce point,
de nombreux Américains et Anglais notamment, accoutumés à juger les choses
à l'échelle continentale, sans difficultés de
langues et de communications, expriment
des craintes excessives au sujet des petits
Etats. En Europe, où il existe tant de nations, il n'en a pas moins été créé de
petits Etats après la guerre. Mais, précisément par là même, les nations sont sa-
tisfaites et le développement de la solidarité et de l'internationalisme est rendu
possible. La Grande Russie, l'Autriche et
l'Allemagne prussienne n'étaient, sans
doute, que trois Etats, mais c'étaient des
Etats dans lesquels de nombreuses nationalités étaient constamment opprimées.
Or, c'est justement cette oppression qui
a suscité la guerre. Par suite, la soi-disant

balkanisation de l'Europe ne représente qu'un stade de développement plus avancé. Il va sans dire que l'organisation unique des nouveaux Etats et, en général, de tous les Etats européens, est une tâche des plus difficiles. Mais les obstacles pourront être surmontés tant par les hommes politiques raisonnables et énergiques que par les nations. Les Etats-Unis d'Europe exigent réflexions et efforts. Les difficultés et la situation déplorable dont l'Europe souffre actuellement ne sont pas imputables aux nouveaux Etats, mais surtout aux anciens Etats, aux Etats dits grands, impérialistes.

13. L'unification de l'Europe sera complétée et élargie par l'unification de l'humanité entière. La guerre a uni l'Europe à l'Amérique et à l'Asie; elle a renforcé les Etats anglo-saxons et les a rapprochés des nations de l'Extrême-Orient. Les nations se sont rendu compte par la guerre qu'elles forment toutes un tout organique — l'humanité. La guerre a renforcé le programme humanitaire, programme des chefs

les plus avancés de toutes les nations,
L'homme ne peut pas avoir d'autre programme que le bien de l'homme. Programme humanitaire, cela signifie: res-
sentir de la sympathie pour tous malgré
les différences de langues, de nationalités
et de classes. Cela signifie effort, pour
l'union, de toute l'humanité. Ce programme humanitaire sera réalisé par les
Etats-Unis de l'Europe centrale, et les nations slaves participeront par leur solidarité à cette union des Etats européens.

Le problème de l'Europe, le problème
de l'humanité n'est pas seulement un problème d'organisation. L'organisation est,
à la fin des fins, une activité mécanique;
on organise ce qui est; on organise les
choses antérieurement existantes; toutes
les nations ont actuellement non seulement le devoir d'organiser mais avant
tout de créer. Partout, le vieux régime
et, par conséquent, le vieil homme doit
faire place au régime nouveau, à l'homme
nouveau.

Ce devoir est, en général, conçu assez
étroitement et de façon unilatérale; par

la reconstruction des nations et de l'Europe on entend restauration économique et politique. Je ne crois par sousestimer l'économie et l'Etat en disant que l'organisation étatique et économique de la société a besoin — pour être parfaite — d'une base intellectuelle. Toutes les nations ont besoin de culture, d'éducation et de rééducation. Il ne s'agit pas seulement, par conséquent, d'étendre et d'accroître les connaissances intellectuelles. La nation allemande avait un enseignement fécond et l'on disait que c'était l'instituteur qui gagnait les batailles. L'instituteur allemand a actuellement perdu la bataille, et, de même, l'Allemagne n'a pas été sauvée par ses qualités d'organisation. L'intellectualisme ne constitue pas l'instruction et la renaissance morale dont toutes les nations ont actuellement besoin.

Notre roi de Bohême, Georges de Poděbrady, roi sorti du peuple, prêchait et défendait le programme de la paix éternelle entre les nations ; ce programme prit naissance après les guerres hussites qui avaient alors ébranlé l'Europe. La guerre de 1914 n'a pas seulement ébranlé toute l'Europe, mais l'humanité entière; le moment est venu à nouveau de réaliser le programme du roi Georges. J'espère que ce sera là le programme définitif de tous et pour tous, individus comme nations.

ACHEVÉ D'IMPRIMER
LE 5 OCTOBRE 1923
sur les presses de
POLITIKA
à
PRAGUE.